Vente des Lundi 26 et Mardi 27 Janvier 1885

A DEUX HEURES

HOTEL DROUOT, SALLE N° 7

BELLES PORCELAINES DE CHINE

EXPOSITION PUBLIQUE

Le Dimanche 25 Janvier 1885, de 1 heure 1/2 à 5 heures.

Me ESCRIBE	M. A. BLOCHE
COMMISSre-PRISEUR	EXPERT
rue de Hanovre, n° 6	rue Laffitte, n° 44

PARIS — 1885

CATALOGUE
DE DEUX COLLECTIONS
DE
BELLES PORCELAINES
DE CHINE
SUITE INTÉRESSANTE DE PIÈCES DE FORMES

Vases, Bouteilles, Coupes, Brûle-Parfums, Plats, Chimères
Oiseaux, Jardinières, etc.

DE CÉLADON, DE LA FAMILLE VERTE
ET DE LA FAMILLE ROSE

GRAND VASE FOND NOIR ET ÉMAUX DE COULEURS

NOMBREUX OBJETS DE VITRINE

DONT LA VENTE AUX ENCHÈRES PUBLIQUES AURA LIEU

HOTEL DROUOT, SALLE N° 7

Les Lundi 26 et Mardi 27 Janvier 1885

A DEUX HEURES

Me ESCRIBE	M. A. BLOCHE
COMMISSAIRE-PRISEUR	EXPERT
rue de Hanovre, n° 6	rue Laffitte, n° 44

CHEZ LESQUELS SE DISTRIBUE LE CATALOGUE.

EXPOSITION PUBLIQUE

Le Dimanche 25 Janvier 1885, de 1 heure 1/2 à 5 heures.

PARIS — 1885

CONDITIONS DE LA VENTE

La vente sera faite au comptant.

Les Acquéreurs paieront en sus des adjudications CINQ CENTIMES PAR FRANC applicables aux frais.

Aucune réclamation ne sera admise une fois l'adjudication prononcée.

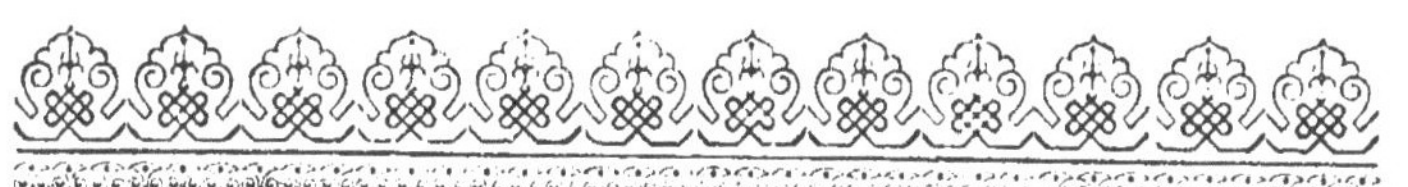

DESIGNATION

1re PARTIE

PORCELAINES DE LA CHINE

1 — Grande et belle Gourde, fond brun, décor en relief au dragon, fleurs et entrelacs.

2 — Grand et beau Vase en ancien craquelé, fond céladonné, avec anses formées de lézards.

3 — Grand Vase, fond céladonné, décor de feuillages sur couverte, avec anses ajourées.

4 — Deux Vases à quatre faces, fond vert, craquelé fin.

5 — Bouteille en céladon, avec fleurs réservées en blanc et en relief.

6 — Vase à quatre faces, décor marbré.

7 — Rocher décoré en émaux de différentes couleurs.

8 — Deux petites Théières, fond vert, avec fruits et feuillages en relief.

9 — Petite Bouteille, décor de fruits, fond bleu.

10 — Petit Vase ovoïde, décor flambé, aubergine, avec socle en bois sculpté (dans un écrin).

11 — Petit Vase, décor multicolore, sur socle (dans un écrin).

12 — Deux Bols avec Présentoirs, fond rouge, fleurs en couleurs.

13 — Plat de céladon, bleu turquoise craquelé.

14 — Deux très petits Vases, forme boule, décor rouge marbré.

15 — Petit Vase, forme à pans, décoré de feuillages en relief.

16 — Petite Bouteille, décor violet flambé.

17 — Très petit Vase, fond rouge, avec fleurs et feuillages en vert et jaune.

18-19 — Deux petits Cornets, décorés l'un de cachets en couleur sur fond orange, l'autre d'un médaillon en bas-relief sur fond vert.

20 — Bouteille à panse sphérique, décor à paysages et volatiles.

21 — Petit Cornet, fond rouge haricot.

22 — Bouteille à long col, fond rouge haricot.

23 — Vase à quatre faces, fond blanc craquelé.

24 — Petite Bouteille, fond rouge haricot.

25 — Petite Coupe, fond rouge.

26 — Bouteille à long col, fond rouge haricot.

27 — Gourde, fond gros bleu.

28 — Petite Théière, décor en blanc et en relief.

29 — Gourde, fond rouge, avec fleurs en couleurs.

30 — Vase, décor à jours, partie fond jaune, partie fond vert.

31 — Vase à anses, têtes d'éléphants, décor fond brun.

32 — Plaque ronde, à double face, de la famille verte, décoré d'un côté, d'une audience de mandarin, et de l'autre d'une chimère.

33 — Chimère, décor fond brun et marbré.

34 — Vase à deux anses, décor gros bleu.

35 — Petite Tasse de la famille verte, décor à figures et paysages.

36 — Théière en terre de bocaro, décor en relief.

37 — Bouteille en céladon, avec dragon s'enroulant autour du goulot.

38 — Neuf Bols, fond gros bleu, avec dragons en vert et en rouge.

39 — Deux Bols, fond rouge à fleurs et entrelacs et médaillons à fleurs.

40 — Cinq petits Bols avec présentoirs, fond vert et paysages animés de figures.

41 — Petit Vase en ancien blanc.

42 — Deux Chimères, décor vert, violet et jaune.

43 — Deux Chimères, décor analogue.

44 — Deux petits Groupes de chimères.

45 — Théière formée par un groupe de deux oiseaux.

46 — Deux Groupes de fruits.

47 — Petite Boîte, fond vert.

48 — Vase, forme à pans, avec médaillons réservés dans la panse en bleu sur blanc.

49 — Petite Bouteille, fond gros bleu.

50 — Petit Vase, décor marbré, fond bleu clair.

51 — Groupe de trois petites Gourdes craquelées.

52 — Petit Vase à quatre faces, décoré de caractères.

53 — Deux Figurines en grès.

54 — Petit Vase, décor à figures, de la famille rose.

55 — Petit Vase cylindrique, décor à paysage en rouge et or.

56 — Petite Gourde, fond brun.

57 — Petit Vase en terre, fond brun.

58 — Petit Vase, fond bleu turquoise, à fleurs.

59 — Petit Vase, fond jaune à fleurs.

60 — Autre petit Vase, fond jaune à fleurs.

61 — Petit Vase, fond bleu turquoise craquelé.

62 — Petit Vase còtelé avec médaillon au dragon en relief.

63 — Petite Bouteille, décor à fleurs, famille rose.

64 — Deux petits Vases à quatre faces, fond jaune.

65 — Petit Vase en gris craquelé.

66 — Très petite Bouteille, fond vert.

67 – Petit Vase, fond bleu marbré.

68 — Petite Bouteille en céladon.

69 — Petit Vase, fond gros bleu.

70 — Petite Potiche, forme boule, décor multicolore tacheté.

71 — Petite Gourde, fond brun.

72 — Bouteille décorée d'objets d'ameublement en relief sur fond brun.

73 — Petit Vase, fond rouge, décors à fleurs et entrelacs.

74 — Petit Cylindre, fond jaune, décoré de médaillons à fleurs.

75 — Vase à quatre faces, fond céladon, avec couvercle en cuivre repercé.

76 — Petit Vase, forme tronc d'arbre.

77 — Théière, fond vert clair.

78 — Coupe, fond vert.

79 — Bol et Présentoir, décor à figures sur fond vert.

80 — Deux Présentoirs, fond craquelé à fleurs.

81 — Assiette de la famille verte, décor à fleurs, bordure à carrelages.

82 — Petite Coupe, forme fruit, en craquelé.

83 — Petite Bouteille en ancien gris craquelé.

84 — Très petit Vase à panse, fond vert.

85 — Petite Gourde, fond bleu marbré.

86 — Petit Vase, fond gros bleu.

87 — Cornet, décor bleu sur blanc.

88 — Deux Oiseaux, fond brun.

89 — Petite Gourde, fond gros bleu.

90 — Très petit Vase, fond gros bleu, décor à fleurs.

91 — Petite Gourde, fond jaune à fleurs.

92 — Assiette de la famille verte, décor à personnages.

93 — Petit Bac, décor à carrelages, rouge, or et blanc.

94 — Petite Coupe forme crabe en rouge et or.

95 — Vase à panse surbaissée, fond rouge haricot.

96 — Petite Jonque, décor polychrome.

97 — Brûle-parfums, forme bambou, anses à feuillages.

98 — Bouteille, fond vert clair.

99 — Petit Vase en ancien blanc de Chine.

100 — Petite Bouteille, décor acier.

101 — Très petit Vase, fond jaune avec feuillage en vert.

102 — Support à jours en ancien craquelé gris.

103 — Petite Chimère en ancien blanc de Chine.

104 — Petit Vase en terre émaillée, décor en relief, fond brun.

105 — Vase à quatre faces, fond vert.

106 — Bol avec présentoir, fond violet à rehauts d'or et médaillons à petits personnages.

107 — Groupe de deux Pitongs, fond violet.

108 — Gourde à panse aplatie en ancien gris craquelé.

109 — Deux petites Chimères accroupies.

110 — Petite Coupe surbaissée, fond rouge.

111 — Trois Bols avec soucoupes, intérieur métallique, décor burgauté à figures et paysages.

112 — Très petite Bouteille, fond vert.

113 — Petite Gourde, fond rouge haricot.

114 — Petite Gourde, fond gris craquelé.

115 — Petite Coupe, fond gris craquelé.

116 — Grande Bouteille, fond gris craquelé.

117 — Grand et beau Vase, fond jaune, décor en relief à caractères, lambrequins et feuilles d'eau se détachant en couleurs.

118 — Potiche avec couvercle de la famille verte, décor nuageux à attributs et fleurs.

119 — Bouteille, fond gros bleu uni.

120 — Vase cylindrique, décor multicolore tacheté.

121 — Jolie Bouteille en ancien blanc de Chine.

122 — Joli Vase ovoïde et côtelé, décor bleu turquoise, craquelé fin.

123 — Curieux petit Vase, forme balustre renversé, décoré de médaillons en gris craquelé, encadrements granités.

124 — Vase à panse sphérique, couleur aubergine.

125 — Vase balustre renversé fond céladonné avec rosaces et entrelacs sous couverte.

126 — Jolie Potiche de la famille verte, décoré de médaillons à chimères dans des paysages, de fleurs et d'entrelacs.

127 — Belle Potiche de la famille verte, décor de dragon impérial avec frise à fleurs et entrelacs.

128 — Vase, fond jaune, avec dragon et arabesques en bleu.

129 — Vase, fond brun, avec oiseaux, fleurs et insectes en bleu et blanc en relief.

130 — Vase, fond bleu turquoise à fleurs.

131 — Cornet, décoré en bleu et blanc, de dragons, oiseaux et fleurs.

132 — Bouteille, fond rouge, haricot craquelé.

133 — Petit Vase balustre renversé, fond rouge haricot.

134 — Gourde, fond gris craquelé, avec médaillons à herbages en brun.

135 — Vase à fond gravé, décor à fleurs et oiseaux.

136 — Curieuse Bouteille à panse surbaissée, avec dragon s'enroulant autour du goulot, fond gris.

137 — Deux Vases, décor marbré, en brun, jaune et vert.

138 — Vase à deux anses, fond rosé avec médaillon au dragon.

139 — Bouteille à panse surbaissée à large goulot, fond céladonné.

140 — Petit Vase en ancien gris craquelé avec anse au dragon.

141 — Vase, fond céladonné, décor en blanc.

142 — Vase craquelé tacheté de rouge.

143 — Vase, décor fond bleu, à enlevage d'émail par rondelles, avec médaillons, fond blanc à dessins bleus.

144 — Potiche forme boule, décor fantastique au dragon.

145 — Vase, décor marbré.

146 — Groupe de deux petits Vases, décor marbré.

147 — Petit Vase, fond bleu turquoise, décor gravé.

148 — Cylindre, fond gros bleu à rehauts d'or.

149 — Vase à quatre faces famille rose, décor à fleurs.

150 — Petit Vase, forme sac, décor à fleurs et entrelacs en bleu sur blanc.

151 — Bouteille à panse aplatie en ancien blanc de Chine.

152 — Petit Vase en ancien gris craquelé.

153 — Deux Vases à quatre face, fonds violet.

154 — Vase à quatre faces, fond gros bleu à rehauts d'or.

155 — Grande Bouteille à long col en ancien blanc de Chine.

156 — Vase, à deux anses, forme tube, en ancien gris craquelé.

157 — Petit Vase, décor vert clair.

158 — Vase, forme ovoïde, fond brun.

159 — Vase, fond brun, à panse surbaissée et à gorge évasée.

160 — Vase, à deux anses, forme tube, décor fond brun.

161 — Vasque, décor céladon, à feuillage sous couverte.

162 — Bouteille, fond brun, à reflets d'acier, forme surbaissée.

163 — Vase à deux anses à fleur en relief, décor marbré, fond brun.

164 — Porte-bouquet, décor marbré.

165 — Vase, décor marbré en partie craquelé, couleur aubergine et grisâtre.

166 — Jardinière, fond céladon, à fleurs et arabesques, gravées sous couverte.

167 — Deux Vases à quatre faces, décor vert olive.

168 — Vase à quatre faces en ancien blanc de Chine.

169 — Bouteille, fond rouge haricot.

170 — Petit Vase, fond gris craquelé, tacheté de rouge.

171 — Vase, fond rouge, teinté de violet.

172 — Bouteille, couleur rouge haricot.

173 — Petit Pytong, fond rouge, avec dragon dans les nuages, en relief.

174 — Deux petits Vases à quatre faces, fond jaune marbré de vert et de rouge.

175 — Vase céladon, décor à feuilles d'eau gravées sous couverte.

176 — Petit Vase de la famille rose, décor à fleurs.

177 — Petite Gourde, fond blanc, à frise bronzée.

178 — Petite Potiche, fond rouge.

179 — Petite Jardinière, fond rouge, tacheté de fer.

180 — Deux Vases à quatre faces, fond bleu barbeau.

181 — Deux grands Flacons à quatre faces, décor à fleurs et lambrequins en bleu sur blanc.

182 — Petit Vase, fond céladonné.

183 — Bouteille, fond vert bronzé.

184 — Bouteille, fond gris craquelé.

185 — Vase ovoïde, fond blanc.

186 — Bouteille, fond bleu turquoise craquelé.

187 — Bouteille, fond bleu, décor au dragon dans les nuages en blanc.

188 — Pytong, décor flambé aubergine.

189 — Gourde époque primitive, décor fleurs et entrelacs en vert et rouge.

190 — Bouteille vert olive, avec dragon en relief.

191 — Bouteille, fond gris bleu.

192 — Bouteille, fond rouge haricot.

193 — Petit Fourneau en terre émaillée.

194 — Pytong, fond gros bleu à rehauts d'or.

195 — Vase, fond vert clair craquelé.

196 — Trois Bols, fond violacé avec dragons en vert.

197 — Théière en terre émaillée fond brun.

198 — Jardinière décorée de paysages avec figures en bleu sur blanc.

199 — Vase fond jaune, tâcheté de brun.

200 — Gourde avec goulot, à trois tubes, décor à paysage et fleurs.

201 — Plat de la famille verte, décor représentant une assemblée dans un paysage.

202 — Compotier en vieux Japon, décor à fleurs en polychrome.

203 — Joli Plat en vieux Chine, offrant au centre, un médaillon à objets d'ameublement avec bordure à lambrequins et carrelages.

204 — Joli Plat de la famille rose, représentant une porteuse de fleurs et une cigogne dans un paysage.

205 — Belle Potiche de la famille verte, décor à personnages dans un paysage.

206 — Joli Vase de la famille rose, forme côtelée, décor de médaillons à figures sur fond à semis de fleurs.

207 — Potiche de la famille verte, décor de paysages avec figures.

208 — Groupe de deux Vases, fond vert clair.

209 — Bouteilles, décorée d'arabesques en bleu sur blanc.

210 — Bouteille, décor marbré aubergine.

211 — Bouteille, céladon bleu turquoise.

212 — Deux Cornets, décor gros bleu rehaussé d'or.

213 — Vase en ancien gris craquelé, anses à jours.

214 — Vase à quatre faces, fond violet.

215 — Vase en terre émaillée, fond brun à quatre faces.

216 — Autre Vase en terre émaillée, fond brun à quatre faces.

217 — Gros Vase à quatre faces, décor céladonné, anses à trompes d'éléphants.

218 — Bouteille, fond craquelé tâcheté de brun.

219 — Bouteille, fond rouge de fer.

220 — Bouteille, fond brun.

221 — Vase côtelé, couleur fonte

222 — Bouteille avec dragon en relief, sur fond aubergine craquelé.

223 — Pytong, décor de volatiles.

224 — Petite Jardinière, fond rouge à deux anses têtes de chimères.

225 — Vase forme à pans, fond rouge.

226 — Potiche de la famille verte, décor à fleurs par compartiments.

227 — Bouteille, fond gris craquelé.

228 — Curieuse Bouteille, forme gourde en ancien gris craquelé avec dragon en relief s'enroulant autour du goulot.

229 — Vase fond rouge haricot.

230 — Vase à quatre faces, fond jaune.

231 — Vase à quatre faces, fond gris craquelé, anses à trompes d'éléphants.

232 — Bouteille, décor aubergine flambé.

233 — Vase balustre renversé, fond aubergine.

234 — Vase, décor marbrée bleu.

235 — Grand Vase, décor gros bleu.

236 — Grosse Bouteille, décor gros bleu.

237 à 243 — Vases et Bouteilles, décors variés (fracturés).

244 — Petite divinité ancienne du Cambodge, en bronze, à rehauts d'or.

245 — Petit Vase en fer, décoré d'incustations.

246 — Lot de peaux de Serpents.

2e PARTIE

PORCELAINES DE LA CHINE

247 — Grande et belle Vasque de la famille verte, décor de paysage et fleurs ; posée sur socle en bois.

248 — Jardinière rectangulaire, décor fond bleu turquoise.

249 — Grand Plat fond jaune.

250 — Bol décoré de poissons et fleurs en rouge et bleu.

251 — Grand Plat représentant au centre deux femmes et une voiture traînée par un daim, au revers, couverte de caractères.

252 — Jolie Coupe, forme fruit, en céladon bleu turquoise.

253 — Jardinière, forme à panse cintrée, décor d'entrelacs.

254 — Deux Compotiers, fond gris craquelé, décor de paysages, d'oiseaux et d'inscriptions.

255 — Coupe, fond vert craquelé, avec dragon gravé sous couverte.

256 — Deux Compotiers de la famille verte, décor de dragon et oiseaux fantastiques.

257 — Plaque de la famille verte, décor à paysage avec oiseaux.

258 — Jardinière, fond rouge

259 — Soucoupe, décor par compartiments en polychrome, bords côtelés.

260 — Deux Assiettes, fond bleu soufflé, avec médaillons à poissons.

261 — Deux Compotiers, décor de poissons et feuillages, en rouge et bleu.

262 — Plat à bordure, fond bleu, médaillons et feuillages.

263 — Socle en céladon bleu turquoise, forme hexagonale.

264 — Coupe, forme feuille de nelumbo, avec crapaud et crabe en relief.

265 — Socle, fond bleu turquoise.

266 — Support pour demi-lune, fond bleu turquoise.

267 — Jolie Bouteille, fond jaunâtre craquelé, à panse côtelée.

268 — Grande et belle Bouteille, décor rouge flambé.

269 — Jolie groupe de deux Vases en céladon, bleu turquoise, anses à trompes d'éléphants.

270 — Vase, forme sac, décor vert olive, avec fleurs et feuillages, gravés sous couverte.

271 — Vase, décor céladonné.

272 — Bouteille, fond rouge craquelé.

273 — Vase à panse surbaissée, fond brun pointillé.

274 — Grand Vase cylindrique, décor marbré et flambé, fond craquelé.

275 — Vase à deux anses tubes, fond céladonné craquelé, à fleurs gravées sous couverte.

276 — Bouteille fond rouge, intérieur gris craquelé.

277 — Bouteille décor analogue.

278 — Bouteille décorée de fleurs et feuillages, en blanc et rouge de fer.

279 — Bouteille décor aubergine flambé.

280 — Grande Bouteille fond rouge haricot.

281 — Vase balustre renversé, fond gris bleu avec dragons en blanc.

282 — Deux bouteilles décor flambé, fond gris craquelé.

283 — Groupe de deux Vases gris craquelé, avec anses à trompes d'éléphants.

284 — Petit Vase balustre renversé, fond rouge haricot.

285 — Vase décor bleu turquoise, craquelé fin.

286 — Vase décor aubergine.

287 — Bouteille fond rouge, craquelé.

288 — Deux Vases à quatre faces, décor bleu flambé.

289 — Vase à deux anses tube, décor aubergine flambé.

290 — Vase décor rouge de fer.

291 — Bouteille fond rouge, à gorge évasée.

292 — Vase fond brun, tacheté de fer.

292 — Groupe de deux Vases, décor à paysage en camaïeu bleu.

294 — Deux Groupes de fruits.

295 — Bol fond vert à fleurs.

296 — Petite Coupe fond vert gravé.

297 — Bouteille fond rouge, avec dragons et arabesques en couleurs.

298 — Curieuse Bouteille décor fond d'or.

299 — Vase décor marbré, couleur aubergine.

300 — Petit Vase décor marbré.

301 — Petit Vase marbré, fond vert tacheté de violet.

302 — Bouteille couleur aubergine, fond craquelé.

303 — Bouteille fond blanc gravé.

204 — Deux Théières fleurs et fruits, décor violet et bleu.

305 — Vase fond bleu turquoise, gravé sous couverte à fleurs et feuilles d'eau.

306 — Vase en ancien gris, craquelé.

307 — Petit Vase fond Celadon.

308 — Bouteille fond blanc, médaillons et rosaces en bleu.

309 — Petite Bouteille décorée de paysages à figures en bleu sur blanc.

310 — Petit Vase décor en bleu sur blanc.

311 — Petit Vase bleu barbeau, à fleurs en gros bleu.

312 — Grosse Chimère accroupie.

313 — Deux Groupes de chimères décor vert, brun et jaune.

314 — Canard en terre émaillée.

315 — Vase fond jaune, à dessins bruns.

316 — Vase avec couvercle, décor à fleurs en bleu sur blanc.

317 — Deux petites Gourdes à trois tubes, décor rouge flambé.

318 — Théière en terre de Bocaro, anse forme bambou.

319 — Théière décor en bleu sur blanc.

320 — Petite Bouteille fond jaune, décor brun.

321 — Petit Vase décor à cigognes en rouge et or.

322 — Deux Potiches avec couvercles, fond rouge à rosaces rehaussées d'or.

323 — Support en terre émaillée, fond vert.

324 — Petit Vase fond granité avec chauve-souris, en rouge et rose.

325 — Support carré en terre émaillée, fond jaune.

326 — Petite Coupe décor à paysages et figures.

327 — Deux petites Chimères, décor en vert, brun et jaune.

328 — Vase à quatre faces, fond jaune.

329 — Groupe de deux Vases, décor marbré

330 — Petit Pytong, fond jaune; décor à figures en relief.

331 — Perroquet sur un rocher.

332 — Deux groupes de petites Chimères, décor en vert et jaune, formant porte-bouquets.

333 — Deux Perruches, décor bleu turquoise, blanc et rouge.

334 — Vase céladonné, avec fleurs en blanc.

335 — Bouteille à panse aplatie, fond rouge flambé.

336 — Bouteille fond gros bleu.

337 — Bouteille, décor bleu sur blanc.

338 — Perruche sur un rocher.

339 — Deux Chimères, décor bleu turquoise et violet.

340 — Deux petites Chimères, décor bleu turquoise, sur socle violet.

341 — Deux Bouteilles, bleu turquoise, craquelé fin.

342 — Petit Vase, fond jaune impérial, avec médaillons de paysages, fond à fleurs et entrelacs.

343 — Porte-bouquets, formé par un groupe de poissons, décor bleu turquoise.

344 — Deux Potiches avec couvercles, décor au dragon, en vert sur blanc.

345 — Chimère accroupie, décor aubergine.

346 — Vase, décor bleu turquoise flambé.

347 — Vase fond violet, marbré

348 — Deux vases fond rouge, rehaussé de fleurs en couleurs.

349 — Gourde fond rouge, à fleurs en couleurs.

350 — Vase ovoïde, fond rouge.

351 — Gourde, fond noir.

352 — Petit Vase décoré de fruits, sur fond blanc.

353 — Petit Vase décoré de fleurs de pêcher, sur fond blanc.

354 — Théière, fond bleu turquoise, forme bambou.

355 — Petit Vase à quatre faces, fond vert.

356 — Bouteille en ancien blanc de Chine.

357 — Petit Vase fond gris, craquelé.

358 — Petit Vase cylindrique, décor arabesques et fleurs en bleu sur blanc (fracturé).

359 — Petit Vase balustre renversé, fond bronze.

360 — Bouteille fond rouge haricot.

361 — Grand et beau Vase forme bouteille, fond céladonné, riche décor en relief bleu et rouge de fer, à fleurs et oiseaux.

362 — Grande Vasque, fond rose à fleurs et branchages en polychrome.

363 — Vase fond brun, tacheté de fer.

364 — Belle Bouteille fond bleu turquoise tacheté de violet.

365 — Grande et belle Gourde, forme aplatie, décor au dragon dans les nuages en bleu et rouge de fer.

366 — Beau Vase à quatre faces, décor rouge flambé.

367 — Vase, décor aubergine flambé.

368 — Belle Bouteille, fond rouge haricot.

369 — Grand et beau Vase, fond noir, décor de paysage et de fleurs de pêcher en vert, jaune, violet et brun.

370 — Vase cylindrique, décor à paysages avec figures en bleu sur blanc.

371 — Vase de la famille rose, décor à personnages en émaux de couleur.

372 — Cornet décoré de paysages, figures et arabesques en bleu sur blanc.

373 — Deux Cornets, décorés de paysages animés de figures en bleu sur blanc.

374 — Joli Vase de la famille rose, forme cylindrique, représentant des lacs animés de jonques et de figures.

375 — Cornet, décor à paysage en bleu sur blanc.

376 — Joli Vase de la famille rose représentant des scènes familières et des objets d'ameublement.

377 — Vase, fond blanc, décor à feuilles d'eau et médaillons à dessin bleu.

378 — Vase, fond bleu barbeau, decor à insectes et fleurs.

379 — Bouquetière, forme baril, décor céladonné.

380 — Bouteille, fond vert.

381 — Bouteille, fond bleu turquoise.

382 — Vase, fond vert marbré, avec frise à fleurs gravées sous couverte.

383 — Paire de Potiches avec couvercles, fond gris craquelé.

384 — Joli Vase bleu barbeau, avec fleurs et anses en relief.

385 — Petite Bouteille, fond rouge, sur socle en bois.

386 — Beau Vase, fond bleu turquoise, décoré de dragons, de chimères et de lambrequins en rose, vert et jaune.

387 — Beau Vase, fond bleu turquoise, décor à fleurs et feuilles d'eau en rouge et vert.

388 — Beau Vase, fond céladon, décoré d'objets d'ameublements en couleur.

389 — Petit Vase à quatre faces, fond bleu turquoise.

390 — Deux petites Chimères, décor vert et jaune.

391 — Magot accroupi, fond gris.

392 — Petite Coupe, forme fleurs, en ancien blanc de Chine.

393 — Deux petits Cornets, décor à jour.

394 — Grenouille, fond bleu turquoise.

395 — Petit Vase, fond céladonné, avec fleurs gros bleu.

396 — Deux petits Souliers, fond rouge à rehauts d'or.

397 — Gourde, fond bleu turquoise.

398 — Petit Vase, fond céladon.

399 et 400 — Deux Gourdes à panses aplaties, décor rouge flambé (variées de formes.

401 — Petit Vase, fond gris craquelé, décor bleu.

402 — Petit Vase, décor marbré.

403 — Petit Vase à quatre faces, fond rouge.

404 — Flacon à thé, fond bleu, décor à encadrement violacé.

405 — Petit Vase à quatre faces, fond violet.

406 — Deux petits Vases, fond rouge.

407 à 508 — Cent deux Pièces de formes variées : Bouteilles, Vases, Coupes, Flacons, Chimères de grandeurs dites mignonnettes pour vitrines.

509 — BRONZE. Petite Théière, forme oiseau en bronze de Chine.

Ve RENOU et MAULDE, imprimeurs de la Cie des Commissaires-Priseurs, rue de Rivoli, 144. 200—54363

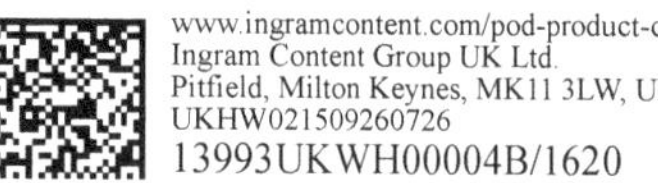

www.ingramcontent.com/pod-product-compliance
Ingram Content Group UK Ltd.
Pitfield, Milton Keynes, MK11 3LW, UK
UKHW021509260726
13993UKWH00004B/1620

9 782329 516332